ISBN 978-1-332-47462-2
PIBN 10411597

English
Français
Deutsche
Italiano
Español
Português

www.forgottenbooks.com

Mythology Photography **Fiction**
Fishing Christianity **Art** Cooking
Essays Buddhism Freemasonry
Medicine **Biology** Music **Ancient
Egypt** Evolution Carpentry Physics
Dance Geology **Mathematics** Fitness
Shakespeare **Folklore** Yoga Marketing
Confidence Immortality Biographies
Poetry **Psychology** Witchcraft
Electronics Chemistry History **Law**
Accounting **Philosophy** Anthropology
Alchemy Drama Quantum Mechanics
Atheism Sexual Health **Ancient History**
Entrepreneurship Languages Sport
Paleontology Needlework Islam
Metaphysics Investment Archaeology
Parenting Statistics Criminology
Motivational

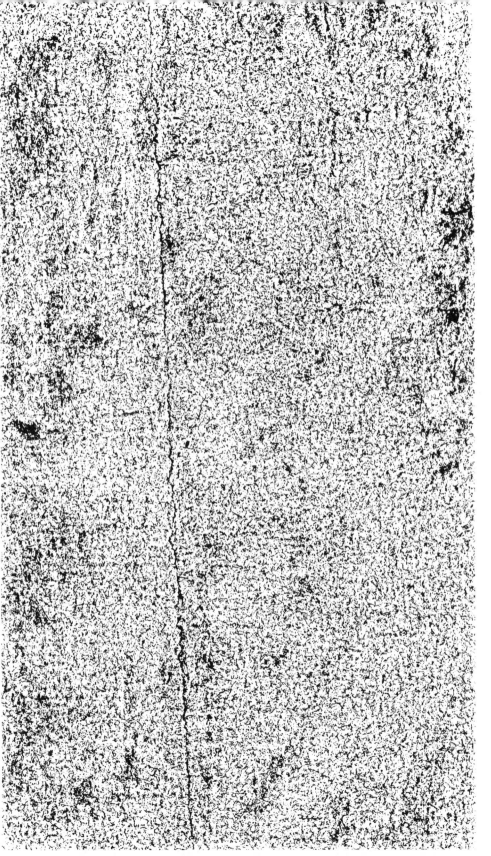

ITALIA-ESPAÑA

GUÁRDESE COMO

JOYA PRECIOSA

EX-LIBRIS

M. A. BUCHANAN

ELOGIO

DEL EXmo. SEÑOR
MARQUES DE SANTA CRUZ.

ELOGIO

DEL EXCELENTISIMO SEÑOR

MARQUES DE SANTA CRUZ,

DIRECTOR

DE LA REAL ACADEMIA ESPAÑOLA,

LEIDO

EN LA JUNTA DE II. DE. NOVIEMBRE
DE MDCCCII.

POR

D. NICASIO ALVAREZ CIENFUEGOS,

OFICIAL DE LA PRIMERA SECRETARÍA
DE ESTADO,

ACADÉMICO DEL NÚMERO.

CON LICENCIA BARCELONA:

POR LA COMPAÑÍA DE JORDI, ROCA, Y GASPAR.

EX.MO SEÑOR.

Breve, muy breve, un momento es la aparicion del hombre en la tierra: su duracion es la de un relámpago, que brilla, y ya pasó quando alzamos la vista para mirarle : sus fuerzas son flacas : instables y aereos sus propósitos: sus obras montoncillos deleznables de arena: sus grandezas polvo, nada. Sin embargo de esta miseria, y de esta caducidad, que en todo, y por todas partes le rodea ¿ lo creeríamos, si la experiencia continua no nos diese los testimonios mas evidentes

de

6

de ello? la desmedida arrogancia de sus pensamientos, el desenfreno temerario de sus deseos, ni caben en la inmensidad del espacio, ni en la eternidad del tiempo. Los mas, señoreados por la sed terrible de gloria, por la sangrienta pasion de dominar, por la rabiosa locura de ensalzarse sobre su especie, por todos los delirios de un amor propio tiránicamente exclusivo, emplean este soplo de vida en afligir á sus hermanos, en hacerles una guerra perpetua, en alterar la paz de las naciones, y en agoviar el mundo con el insoportable peso de su existencia desastrada. Y quando, despues de haber corrido; entre amarguras y remordimientos el cortísimo espacio que separa su cuna de su féretro, llegan al término de su carrera, sus semejantes ó no vuelven los ojos para mirar su sepulcro, ó si lo hacen es para que retiemble con las maldiciones que les arranca la memoria de las maldades que allí se encierran. Los héroes mismos, aquellos invencibles conquistadores, á cuya fama parece que viene estrecho el ámbito de la tierra y de los siglos ¿no se han inmortalizado como las erupciones de los volcanes, que duran eternas en los anales

les de la historia por la enòrmidad de los estragos que ocasionaron? Y la muerte de los Gengis, y de los Timures ¿no es para la humanidad una época tan dichosamente memorable como aquella en que, cesando el diluvio, empezó la tierra á salir de las aguas que la anegáron?

2 El hombre de bien, el que dedicándose al exercicio de la beneficencia fué protector, amigo, hermano de los hombres; este sí que es amado en vida con el amor mas verdadero y mas tierno, y llorado en muerte por tantos como libraban en él su fortuna, y las de sus familias desamparadas. Estas lágrimas dolorosas, estos suspiros acongojados, que del fondo de los corazones vuelan en pos de la pompa fúnebre del bueno, y acompañan noche y dia la soledad de su sepulcro, son monumentos mas gloriosos mil veces, que los mausoleos de mármoles y bronces, que las pirámides colosales, que tal vez levantó la mano envilecida de la adulacion para inmortalizar magníficamente la depravacion y la ignominia del género humano. Y si al amor de la virtud hermanáron estos varones de paz la aficion á las letras, son mas y mas dignos de vivir en la memoria

moria de la posteridad, y de que la verdad pronuncie su elogio en el templo de las Musas, para exemplo de los que profesan su culto, y para desahogo del sentimiento que causa una pérdida tan irreparable. ¿Hay por ventura otro medio de vengarnos de la muerte salvando de su olvido las reliquias de los virtuosos, que el de entregar sus virtudes á la eloqüencia y á la historia, para que, sobre los hombros del tiempo, levanten en su honor un monumento que sirva de leccion y de consuelo á las generaciones venideras? Los que pasen despues por el campo de la vida, quando revolviendo las ruínas de lo pasado vean estos recuerdos preciosos, no podrán ménos de entrar dentro de sí mismos; é inflamados en una emulacion generosa, pagarán á la virtud su tributo de admiracion, de amor, y de respeto. En sus almas enternecidas se moverán afectos semejantes á los que siente el viagero solitario, que pasando por los despoblados escombros donde yace la antigua Grecia, encuentra sepultado entre cenagosas inmundicias uno de aquellos modelos en que las artes humanas compiten con la naturaleza. Le ve, suspende su camino, se
sien-

sienta á contemplarle despacio; y en tanto que sus ojos atónitos no se hartan de admirarle, su corazon se penetra de una tierna melancolía, las lágrimas se desprenden involuntariamente de sus ojos, caen, y riegan los destrozados portentos de los Fidias, y de los Praxîteles.

3. Venid, Señores, venid, y regad con lágrimas los restos de un hombre de bien: oid lo único que nos queda de un amante de las Musas, de un compañero, y Director nuestro, del Exmo. Señor D. Josef Joaquin de Bazan y Silva: oid sus virtudes, y vereis qual ha de ser la conducta de aquellos que, consagrándose al estudio de las ciencias, y de las letras, deben dar mejores exemplos por lo mismo que se aventajan en instruccion, y en talento.

4 En 1734 nació en esta corte el Marques de Santa Cruz, de cuya niñez, igual á la de todos los hombres, no haré mencion ninguna; porque ciertamente ¿qué podria yo decir de una edad ciega y menesterosa, en que ni vemos, ni oimos, ni entendemos por nosotros mismos, sino por los padres, por los directores, y por quantos nos rodean? ¿de una edad en que sembrando en los hombres

bres

bres las semillas de los frutos que han de dar en adelante, no hacen mas que prepararlos para que sean Sócrates ó Anitos, Licurgos ó Lisandros, Dionisios ó Timoleones? ¿Diré que de la enseñanza de un maestro prudente y entendido, que perdió por una casualidad impensada, pasó, estando ya viuda su ilustre madre, á la de uno de aquellos eruditos áridos é indigestos que, sacrificando la razon á la memoria, solo consiguen que sus discípulos cobren aborrecimiento á las letras, y aun á la virtud misma si ha de aprenderse por tan fastidioso conducto? Pero esta es la historia de todos los hombres en la entrada de la vida: todos pasan por lecciones opuestas, por métodos de enseñanza contradictorios, por maestros encontrados en sistemas, en principios, y en genio, y quanto aprendemos en los años mas dóciles y mas preciosos, por lo regular tenemos que olvidarlo despues, si queremos hacer uso de nuestro entendimiento. ¡Felices una y mil veces los que logran, á costa de esfuerzos extraordinarios, reformar las preocupaciones, y los errores que en su niñez mamáron! porque los mas son toda su vida víctimas desgraciadas de la

igno-

ignorancia, del descuido, ó de la cor-
rupcion de sus despreciables Mentores.
Pero ¡mas feliz todavía nuestro Direc-
tor! cuya madre, conociendo el poco
fruto que podia prometerse de este se-
gundo maestro, no perdonó diligencia
para buscar otro de luces, virtud, y
prudencia, en cuyas manos pudiera fiar
descuidada tan apreciable tesoro. Efecti-
vamente le encontró tal como le desea-
ba, y quedó justificada su eleccion con
los grandes adelantamientos, que hizo
en breve tiempo nuestro Marques, mas
y mas prendado del amor de sabidu-
ría.

5 Despreciando las sugestiones de la
pereza, y los atractivos de ocio, se
presenta con gallarda resolucion en la
arena, para salir vencedor en la glorio-
sa lid del estudio: lucha, se afana, ve-
la, opone á las dificultades la constan-
cia, los esfuerzos al malogro de los tra-
bajos, insta incansable hasta que miner-
va corona por fin tan penosos sacrificios,
franqueándole propicia la entrada de su
templo. Aprende las lenguas en que se
inmortalizáron los Tácitos y Virgilios,
los Racines y los Fenelones: se instru-
ye en las leyes que siguiéron los De-
mós-

móstenes y los Cicerones, los Homeros
y los Horacios en los magníficos monu-
mentos que consagráron á la magestad
de la eloqüencia, y de la poesía : exâ-
mina los principios de aquel arte de
pensar, que enseñó á Neuton el siste-
ma del mundo, y á Verulamio el
verdadero camino de perfeccionar to-
dos los conocimientos humanos: persua-
dido á que la ciencia de aquellas cosas,
que no puede alcanzar la razon, y que
son inútiles en la práctica, es una ver-
dadera ignorancia, da de mano á todas
las qüestiones sutíles de una vana me-
tafísica, y se contenta con investigar las
facultades del entendimiento, y las pro-
piedades generales de los entes: armado
con la geografía, y con la cronología
entra en el campo de la historia del
hombre, y de las cosas, al mismo tiempo
que encuentra en ella los fundamentos
de la ciencia de las costumbres, y de
los derechos y obligaciones respectivas de
los particulares, y de las naciones, ob-
serva tambien con el mayor cuidado las
producciones de la naturaleza en sus tres
reynos, se enagena en la contemplacion
de tantas maravillas, y su alma tierna
arrebatada irresistiblemente del amor de
la

la historia natural, hace de ella la ocupacion predilecta de toda su vida.

6 Vedle á los 16 años de su edad, quando el mayor número de los jóvenes de su clase, libres del yugo de los ayos, dan rienda suelta á sus pasiones, vedle consultando los oraculos de la razon en los escritos de aquellos inmortales campeones de la verdad, á quienes la filosofia reveló sus misterios: vedle comparando sus opiniones y sus sistemas con los hechos para discernir lo verdadero de lo falso, y lo evidente de lo probable: vedle quando Cárlos III. aun no habia erigido á la naturaleza el suntuoso templo público que hoy admiramos, vedle digo, informándose de los gabinetes particulares que habia en esta corte, visitándolos con freqüencia, exâminando con atencion sus preciosidades, y buscando ansiosamente por todas partes, y de todos modos, aquella verdad que es alimento necesario de los ingenios sólidos, y única ambicion de los corazones generosos. Vedle, Señores, considerradle despacio en toda su adolescencia, y decid si no es admirable tan constante laboriosidad, tanta aficion á las letras, en unos años peligrosos, en que

la

la razon está, por decirlo así, nublada con las continuas y desenfrenadas borrascas de las pasiones.

7 Ó Grandes, ó Cresos de la tierra, vosotros los que en la ignorancia y en la relaxacion dais á entender la poca estimacion en que teneis la dignidad de la especie humana, aprended en el exemplo de un jóven de vuestra misma clase, aprended á cifrar la verdadera grandeza en purificar el ánimo, y perfeccionar el entendimiento. Vosotros disipais montes de oro para traer de los últimos términos del mundo esos trenes excesivamente magníficos, esas costosísimas joyas, entre cuyos visos resplandecientes asoma la sangre de los miserables que á precio de sus vidas las sacáron del fondo de los mares ó de las entrañas de la tierra, y esos portentos monstruosos de luxo comprados con el hambre, con la despoblacion, con la ruina de provincias enteras. El Marques de Santa Cruz empleaba los inagotables tesoros de su prudente economía en otras alhajas verdaderamente preciosas, en aquellas con las quales formó su biblioteca: su laboratorio de química, y sus gabinetes de máquinas, y de historia natural:

san-

santuarios respetables á los quales todas las naciones cultas de Europa enviaban continuamente sus ofrendas de libros escogidos, de máquinas particulares, y de producciones raras de la naturaleza. Vosotros, sin respetar las imágenes de los antepasados, que os rodean, y que continuamente presencian indignadas la afeminacion y los desórdenes de sus descendientes, correis desalumbrados á amancillar su memoria en los brazos de esas artificiosas Astarbes, de cuya infame escuela no cogeis otro fruto que atrasos, vicios, enfermedades, y remordimientos. El Marques de Santa Cruz, no perdiendo jamas de vista los varoniles exemplos de sus mayores, se afanaba por imitarlos haciéndose digno de la estimacion de la patria: y volando en pos de los Sarmientos, de los Zacaninis, y de todos aquellos sabios cuyos nombres llenaban entónces el clarín de la fama, escuchaba ansiosamente sus lecciones, y enriquecia su ánimo con los tesoros de la sabiduría, y de las virtudes. Vosotros, siempre encerrados en esos palacios sibaríticos, cifrais el mundo en los estrechos términos de sus paredes; ó si alguna vez os ocurre que fuera de ellas

hay

hay todavía espacio, y hombres, y na-
ciones, y os dexais llevar del capricho
de visitarlas, es unicamente para satis-
facer una vana curiosidad, para causar
todas las provincias que huellan vuestras
plantas, con el espectáculo de una va-
nidad insoportable, y para volver de
vuestros viages con modas nuevas, con
los vicios y extravagancias de todo el
globo. ¡Quan otros fuéron los motivos,
los fines, y los frutos que el Marques
de Santa Cruz se propuso en sus viages!
Convencido de que la grandeza no es
otra cosa que la obligacion de aventa-
jarse en acciones buenas, y de dar me-
jores exemplos, no trató de arruinarse
por ostentar en otras naciones aquel lu-
xo pomposo en que ponen los ignoran-
tes el honor de la patria, quando real-
mente la deshonran, posponiendo la ra-
zon á los delirios pueriles del fausto, y
de la soberbia. Francia le vió, le vió
Italia, viéronle Inglaterra, y Alema-
nia, y todas admiráron su afabilidad,
su moderacion, su templanza, su hu-
manidad, el juicio y la prudencia con-
sumada de toda su conducta; y por
estos medios tan infalibles, logró ha-
cer la apología mas completa, el elo-
gio

gio mas eloqüente de España, y de los españoles.

8 En medio de las continuas distracciones que las capitales mas insignes de Europa ofrecen á los que por la primera vez las saludan, siempre conservó nuestro Director bastante señorío sobre sí mismo para que no le enagenasen: y haciendo estudio de todo y en todas partes, supo; sin negarse á honestas diversiones quando lo requerian las circunstancias, sacar partido hasta de las mas frívolas en favor de la filosofía y del conocimiento de los hombres. Lo veía todo, todo lo observaba, y en todo hallaba materia de instruccion y de meditacion; pero las ciencias y las artes son las que principalmente llaman su atencion, le encantan, le cautivan, le enagenan, y ¡á Dios suntuosos alcázares de los potentados! ¡á Dios diversiones públicas! ¡á Dios banquetes y festines deliciosos! ¡á Dios! con una sola vez que os visite el filósofo tiene bastante para conoceros y despreciaros. No busqueis ya al Marques de Santa Cruz en aquellas funciones estruendosas donde es razon la locura: no en las brillantes concurrencias, donde se reunen las

B   gen-

gentes para engañar y ser engañadas: ni
en ninguno de aquellos lugares consa-
grados á perder oficiosamente el tiempo.
¿Quereis hallarle? preguntad por él á
las tranquilas academias, buscadle entre
el polvo glorioso de las bibliotecas, en-
tre el humo y los vapores de los labo-
ratorios de química: donde quiera que
sean reverenciadas las Musas, allí le en-
contrareis quemando en sus altares fragan-
tes inciensos. ¡Quantas veces los humil-
des gabinetes de sabios famosos se ad-
miráron de ver interrumpido el silencio
pacífico de su perpetua soledad, y era
que entraba el Marques de Santa Cruz
á pagar á sus dueños la deuda de su
admiracion y de su respeto! Conversan-
do allí con aquellos eminentes maestros,
confesando sin empacho ninguno su pro-
pia ignorancia en ciertos puntos, propo-
niendo modestamente sus dudas y difi-
cultades, y escuchando con docilidad los
oráculos de la razon, profundizaba los
misterios de las ciencias, y renovaba los
tiempos en que los Pitágoras y los Pla-
tones iban á la India y á Egipto para
aprender de boca de sus bracmanes y
sacerdotes los dogmas de la filosofía. ¡Y
quantas veces las fábricas, los obradores,

los

los talleres viéron engreidos á un Grande de España que se gloriaba de visitarlos, y que contemplaba á sus nombrados artífices con cierta envidia con el noble sentimiento que tienen los espíritus elevados al ver que no se igualan con aquellos que sobresaliendo en talentos ó industria, son númenes tutelares de la sociedad humana!

9 En estas escuelas se instruía el Marques en los descubrimientos nuevos, se amaestraba en el manejo de las máquinas, y recogiendo y conquistando quanto pódia ser útil á sus conciudadanos; volvia cargado de un rico botin á su patria, harto mas digno del triunfo que aquellos generales romanos, que entre los arcos triunfales por donde pasaban sus carros victoriosos, introducian con los tesoros de la tierra la afeminacion, los vicios, y la esclavitud de la señora del mundo. ¡Gloria inmortal á los que haciendo descubrimientos importantes para el género humano, como que ensanchan la naturaleza y engrandecen el imperio del hombre! ¡Gloria inmortal á los que trasplantando estos descubrimientos á una nacion donde no eran conocidos, dilatan los términos de su prosperidad, y descu-

B 2   bren

bren nuevos horizontes á las esperanzas
de las generaciones venideras! ¡Gloria in-
mortal al Marques de Santa Cruz., que
introduciendo por la primera vez en Es-
paña la doctrina de los gases y· el apa-
rato necesario para extraerlos, se puso á
la par de los Cadmos, y de aquellos
héroes de paz que naturalizáron en Gre-
cia las ciencias y las artes de la sabia
Egipto!·

10 Declamen quanto quieran contra
la filosofía los que tienen la desgracia
de estar reñidos con la ilustracion, ta-
chen á su antojo las ciencias de ociosas,
pueriles ó perjudiciales, acusen continua-
mente á sus profesores de inútiles egois-
tas, de miembros muertos de la repú-
blica, quando no de enemigos de toda re-
ligion y sociedad humana: sus malicio-
sas declamaciones, sus sofisterías insensa-
tas irán á estrellarse en la incontrasta-
ble roca de la experiencia de todos los
siglos: y el exemplo del Marques de
Santa Cruz nos suministrará una prueba
mas de que el amor de la sabiduría, lé-
jos de ser un medio de romper todos
los vínculos morales y políticos, no es
otra cosa que el amor de la verdad y
del órden, y por consiguiente el princi-
pio

pio de todo lo bueno. Efèctivamente ¿qué fué para nuestro Director el saber sino el conocimiento de la naturaleza y la contemplacion de sus maravillas; la qual levantando su espíritu hasta el autor de todas ellas, le inspiraba los afectos mas piadosos, y le inflamaba en el deseo mas ardiente de sacrificarse al cumplimiento de sus obligaciones? ¿Quien ignora que en medio de sus tareas literarias, y entre las afanadas ocupaciones de sus empleos no dexaba pasar dia ninguno que no desempeñase ciertas obras de piedad, tributando á su Dios el homenage de un corazon verdaderamente religioso? Decidme vosotros los que por casualidad levantásteis alguna partecilla del velo que cubria su vida secreta ¿no es verdad que en el silencio de la noche, quando entregados los demas á las delicias del sueño descansaban de las fatigas del dia, nuestro Marques hurtaba algunas horas á su reposo, y postrándose á los pies de un Dios muerto á manos de la ingratitud del mundo, se recreaba en la meditacion de los misterios inefables de una religion sacrosanta? Allí se convencia de la vanidad de las grandezas humanas: allí se amaes-

tra-

traba en acallar los tumultos de las pasiones: allí apellidaba hermanos á todos los hombres , como hijos de un mismo padre: allí la caridad abria sus entrañas á la compasion, y cerraba sus ojos á los defectos y flaquezas de sus semejantes : allí, en fin, aprendia todas las virtudes características de la devocion verdadera.

11 Verdadera, sí, verdadera fué la de nuestro Director: y para verlo claramente no hay mas que exâminar si era soberbio y ambicioso; porque la hipocresía adolece necesariamente de estos dos achaques. Hombres incapaces por sus prendas personales de hacerse lugar en la estimacion pública, por la qual anhelan : hombres que aspiran á las recompensas debidas al mérito verdadero, de que ellos carecen : hombres anegados en vicios y abominaciones , que buscan en el sagrado del poder y de las dignidades la impunidad de sus delitos: estos son los que por satisfacer sus pasiones toman la máscara de la religion, los que mienten piedad, los que se apellidan defensores del cielo para oprimir la tierra, los que venden á Dios por mandar á los hombres. Estos monstruos

so-

soberbios y tiranos con sus inferiores, á
los quales huellan como. á despreciables
insectos, son aduladores infames, viles
esclavos de los magnates de cuya mano
esperan su fortuna. ¡Quantas amarguras pa-
ladean para ganar su gracia! ¡quantas ba-
xezas acometen! ¡quantos vilipendios arostran!
Sufrir á todas horas desprecios, ponde-
rarlos como favores, estudiar semblantes,
adivinar pensamientos, lisonjear pasiones,
canonizar vicios: tal es la perpetua ocu-
pacion, el glorioso y agradable empleo
que hacen de la vida estos miserables.
Pero ¿que importa? al fin, al fin lo-
gran su propósito, y se levantan, y se
engrandecen y triunfan, y ¡ay de aque-
llos que tuvieron la desgracia de ser sus
amigos! ¡ay mil veces de aquellos que
á fuerza de virtudes ponen de manifies-
to la hipocresía de su conducta! Quan-
tos hagan sombra á su ambicion desen-
frenada serán víctimas lastimosas de sus
ánimos implacablemente rencorosos. La
calumnia, la perfidia, los venenos, los
asesinatos,... no hay atentado por atroz
que sea á que no se arrojen, como pue-
dan por este medio aumentar una pie-
drecilla al edificio de su fortuna; pero
¿qué digo? si echan mano hasta de la
in-

ingratitud siempre que su interes les dic-
ta que paguen los beneficios de sus pro-
tectores con persecuciones y con muertes.

12 Pero ¿adonde voy? ó ¿para qué
hago mencion de estos miserables hablan-
do del Marques de Sta. Cruz, en quien
jamas cupiéron disimulos ni fingimientos,
que nunca puso el pie en las escuelas
de la fortuna, ni aprendió las artes de
la ambicion, que miraba con indiferen-
cia esas nadas brillantes que sacan de
juicio á los hombres, y cuya modestia
era tan extremada que no tenia ojos pa-
ra ver su propio mérito? En su opinion
todos eran mejores, todos eran mas dig-
nos de los empleos, todos tenian mejor
derecho que él á las gracias; y fué
menester nada ménos que un empeño
formal, la voluntad suprema de un rey
y de un Cárlos III, para que, vencien-
do su repugnancia, admitiese el brillan-
te empleo de Mayordomo mayor de pa-
lacio, que al principio renunció por con-
siderarse incapaz de desempeñarle. ¡Inca-
paz de desempeñarle! no, virtuoso Mar-
ques, no por cierto: te engañas, estás
ciego: abre los anales de la historia, y
verás que siempre y en todas partes fué
compañera del verdadero mérito la mo-
des-

destía : que nunca dexáron de ser capaces de grandes cosas los que desconfiáron de sus propias fuerzas: y que solo debian llevar las riendas de la república aquellos que arredrados por las dificultades se abstienen de gobernarla. ¿ Desconfiaba de sus propias fuerzas el que despues dió tan ilustres testimonios de inteligencia , justificacion, zelo y vigilancia ? ¿ Desconfiaba de sus propias fuerzas el que llegó á ser la confianza de sus soberanos, el amor de sus iguales, el ídolo de sus subalternos, y el dechado de todos los áulicos ? Tan distante de altanería, como baxeza, cifraba el buen servicio de sus Reyes en hablarles abiertamente la verdad quando la prudencia lo exîgía, en proponerles á todo trance la justicia, y en obedecer sus voluntades sin lisonjear sus pasiones; y supo dar un exemplo harto raro en los palacios, porque nunca se alistó en ninguno de los partidos de los cortesanos, jamas rindió parias á la adulacion, y sin embargo ni ofendió á ninguno, ni dexó de ser respetado de todos. Esta prudencia consumada, esta probidad heróica fué por cierto merecedora de la distincion que, sin pretenderlo, debió á

los

los Reyes nuestros Señores, quando le nombraron Ayo del sucesor del trono, y de los Serenísimos Señores Infantes Don Cárlos y Don Francisco de Paula: eleccion no ménos gloriosa para los que la hiciéron que para el elegido: elecion altamente aplaudida de todo el público, y particularmente de los vasallos de nuestro Director que ya pronosticaban á sus hijos que gozarian con Fernando VII las delicias de los Titos y de los Antoninos.

13 Y ¿como no habían de prometerse las esperanzas mas venturosas viendo que el Príncipe de Asturias era amaestrado por el mismo Señor que alargaba todos los dias su mano para colmarlos de beneficios, que se desvelaba por hacerlos felices, y que se gloriaba de ser su protector y su padre? ¡Que no pudiera yo trasladaros de repente en medio de sus estados, donde se os presentase á cada paso un testimonio de su caridad, donde resonasen continuamente en vuestros oidos las alabanzas de su beneficencia! Bienhechor le aclaman los ancianos y los niños, bienhechor las hijas y las madres, bienhechor las esposas y las doncellas: los campos y las po-

bla-

blaciones, los templos, los edificios pú-
blicos y particulares, todo está sembra-
do de sus beneficios, y por todas par-
tes suben sin cesar al cielo sus ben-
diciones. Venid, Señores, venid con-
migo, llegad á aquellos robustos labra-
dores, que tal vez oyéron á sus padres
hablar de tiempos en que el atraso de
un dia les ocasionaba un año de mise-
ria, y en una mala cosecha lloraban la
entera perdicion de su desgraciada fami-
lia: llegad, nombradles al Marques de
Santa Cruz, y os contarán que desde
que entró á gobernar sus pueblos se
acabáron para ellos los malos tempora-
les y los temores. Si alguna calamidad
los imposibilitaba para pagarle sus ren-
tas, no por eso desmayaban, porque su
compasivo Señor se cargaba con sus ca-
lamidades, perdonándoles sus atrasos. Si
carecian de granos que afianzasen en la
siembra la esperanza del año, los gra-
neros del Marques estaban abiertos á to-
das horas, y eran el tesoro de los po-
bres y el remedio de los necesitados.
¿Les arruinaban las lluvias ó el peso
de los años aquellas habitaciones frági-
les y toscas, pero respetables por la ino-
cencia de sus dueños? al instante se
apa-

aparecía la mano del Marques, y se las reparaba, ó les edificaba otras nuevas. ¿Se les moría alguno de aquellos pacíficos animales que partiendo con el hombre los trabajos y las labores, le ayudan á ganar su sustento? al punto acudia el Marques de Santa Cruz, y dándoles otros en lugar de los perdidos, enxugaba sus lágrimas, y con la salud de una familia conservaba la esperanza de muchas generaciones. Hasta las enfermedades se quebrantaban en el escudo de su beneficencia, perdiendo las amarguras de ánimo con que afligen á los que se hallan imposibilitados para mantener la menesterosa familia que rodea su lecho doloroso. El Marques franqueaba todos los medicamentos, ocurria constantemente á todas las necesidades, desterraba todos los temores, y solo tenian que atender los enfermos á recobrar la salud y á prolongar con su vida su agradecimiento. Pero si la muerte, triunfando de todos los remedios y cuidados, arrebataba por fin su víctima; si las esposas lloraban el desamparo de la viudez en medio de los huerfanitos, que asidos de las maternales ropas, se cubrian con ellas los rostros, y las bañaban

ban con sus lágrimas desvalidas.... Llorad, corazones justamente angustiados, llorad, objetos dignos de toda la compasion de los hombres, llorad amargamente la pesadumbre de una pérdida irreparable. No: jamas, en toda la vida se reparan las pérdidas de un amor verdadero, ni hay poder en toda la tierra que nos restituya el esposo querido, el padre tierno, que una vez llegáron á trasponer la funesta losa del sepulcro. Llorad la falta de vuestro cariño, pero no la de vuestra fortuna; porque en tanto que dure el Marques de Santa Cruz no carecerán de amparo las viudas, ni de sombra paternal los huérfanos. Llevadlos, madres solícitas, llevadlos á esas escuelas, á esos templos de educacion erigidos por vuestro Señor en cada una de las villas del marquesado para desterrar con la ignorancia la ociosidad y los vicios que nacen del abandono de la niñez. Allí aprenderán los niños los conocimientos indispensables á todos los hombres, y las virtudes constitutivas de los buenos ciudadanos: y las niñas, instruyéndose en las labores y virtudes propias de su sexô, se dispondrán para ser algun dia honor de sus

pa-

padres, delicias de sus esposos y felici-
dad de sus hijos. Y si la emulacion es
la que ha de animarlos al trabajo, y
despertar en sus ánimos la noble ambi-
cion de aventajarse en el bien, el Mar-
ques ha establecido premios anuales de
vestidos completos para aquellos que ven-
ciendo en pública palestra á sus compe-
tidores, se manifiesten dignos del laurel
de la victoria. ¡Que esfuerzos de aplica-
cion no harán estos atletas para merecer
el honor del triunfo! ¡quantos adelanta-
mientos producirá esta competencia ge-
nerosa! ¡y quanta gloria recogerán los
vencedores para sí mismos y para todos
sus deudos! Toda la familia se junta
despues de la lid en casa de los premia-
dos, y sentada al rededor de ellos los
admira embebecida, en tanto que su
madre cuenta orgullosamente las hazañas
de sus hijos en medio de las aclama-
ciones de aquellos sencillos oyentes. Se
miran atónitos, los afectos crecen, pasan
rápidamente de unos á otros, la imagi-
nacion se inflama, se enagenan los áni-
mos, y entre las lágrimas involuntarias
que derraman todos, se levanta de re-
pente un anciano respetable por sus ca-
nas, el abuelo del laureado, y estre-
chán-

chándole en sus trémulos brazos le presenta á la asamblea vaticinando los mayores prodigios de aquel niño que empezó la carrera de la vida con tan faustos agüeros. »¡No lo verán ya mis »ojos! exclama enternecido; pero este »nietecillo será dechado de aplicacion y »honradez, y hará famoso en el lugar »el nombre de sus padres, el mio y »el de todos vosotros. ¿No es verdad, »responde, recreo de mi vejez, no es »verdad que no saldrán fallidos mis pro-»nósticos?,, Y pagando con un beso el *sí* que le dará el niño baxando la cabeza, continúa „¡dichoso tú que has »tenido la fortuna de vivir en tiempos »en que un Señor caritativo se desvela »por hacernos felices! Levanta, hijo mio, «levanta al cielo tus manecitas inocen-»tes, pidiendole que colme á nuestro bien-»hechor de prosperidades. ¡Plegue á Dios »que goce tanta felicidad como á noso-»tros nos procura! ¡Oxalá que el Padre »de las misericordias, compadecido de »nosotros, prolongue su vida á par de »nuestros deseos! Y si para conservárse-»la es necesario que otro perezca, aquí »tienes, ó Criador del cielo y la tierra, »aquí tienes la de este inútil anciano,

»y

»y si no alcanza, aquí está la de es-
»ta mitad de mi corazon, toma este
» nieto....„ El llanto ahoga sus palabras,
todo el concurso queda en silencio, apé-
nas se oye el nombre del Marques de
Santa Cruz que vuela de lengua en len-
gua, en tanto que su amor se clava
hondamente en todos los corazones.

14 Esta es la deliciosa recompensa de
los bienhechores del género humano: es-
tas lágrimas, estas bendiciones, estos sa-
crificios, este delirio de agradecimiento
es el triunfo de la beneficencia, de aque-
lla beneficencia que se cifra, no en des-
perdiciar beneficios pasageros, estériles y
acaso perjudiciales; sino en fundar sobre
sólidos cimientos la felicidad duradera de
muchas familias, promoviendo como prin-
cipal fuente de ella la buena educacion
de los niños. El Marques de Santa Cruz
reformó por este medio en sus estados
las costumbres: desterró la ociosidad y
los vicios, haciendo que fuera la utili-
dad personal .fruto necesario de la apli-
cacion y del trabajo: aumentó la pobla-
cion con las comodidades de la vida: y
para que la pobreza no condenase á las
doncellas honradas á la soledad de un
celibato funesto á la patria, estableció

dotes

dotes para las menesterosas que mas so-
bresaliesen en las virtudes características
de su sexô: en fin, se propuso constan-
temente encaminar el interes personal al
de todo un pueblo, y este al de toda
la república.

15 ¿Deseais todavía mayores prue-
bas de la generosidad de su corazon
magnánimo? buscadlas en la fábrica de
paños que estableció en uno de sus
pueblos. A este asilo de caridad acu-
dian en busca de ocupacion y sustento
los mozos que no hallaban tierra que,
regada con el sudor de su frente, les
pagase la subsistencia de su familia; y
á este medio debió algunos años la Es-
paña la conservacion de mas de qua-
trocientos hijos, que sin este auxîlio hu-
bieran perecido víctimas de los rigores
del hambre y de las enfermedades,
quando la fuerza casi irresistible de la
miseria, despeñándolos de delitos en de-
litos, no hubiera puesto fin á su de-
sastrada vida en la ignominia de un
patíbulo. Nuestro Director expendió su-
mas considerables para poner en planta
la fábrica, acopiar máquinas, materias
primeras, y para hacer los otros ade-
lantos preciosos en tales casos: y la uti-

G   li-

lidad que de ello le resultó no fué otra que la de hacer bien á los pobres, los quales cogieron todo el fruto de aquel establecimiento. Avergonzaos vosotros los que haciendo ostentacion de zelozos y amantes de la patria, promoveis con ruidoso aparato iguales empresas para amontonar á su sombra tesoros de injusticia y de sangre, y levantar con ellos el edificio de vuestra escandalosa fortuna. ¿Que importa que el vulgo alucinado os aplauda, si la patria se ofende de vuestros servicios, y la virtud los reprueba? Los ánimos generosos, para quienes la beneficencia es una necesidad irresistible, no ponen fausto en el exercicio de esta virtud, ni compran con sus apariencias las engañosas aclamaciones del mundo: é incapaces de hacer grangería de los beneficios, cifran toda su ambicion en ver felices á sus semejantes. Esta pasion vivificadora abria las manos del Marques de Santa Cruz para que de continuo derramase beneficios no solo en los pueblos de su marquesado, sino en Valencia, Sevilla, Barcelona, Vizcaya, y donde quiera que poseia rentas, donde quiera que imploraban su amparo, donde quiera que ha-

había hombres y necesidades; porque su caridad era como el astro del dia, que tiende sus rayos para toda la tierra y para todos los vivientes. Pero los artistas menesterosos, y los amigos de las ciencias maltratados por la fortuna, siempre fuéron hijos predilectos en la reparticion de sus beneficios, y halláron constantemente en sus entrañas paternales un manantial perenne de socorro y de consuelos. Los aliviaba del peso de las aflicciones acompañandolos á sentirlas: les tendia la mano compasiva para sacarlos de los ahogos de la pobreza; pero de un modo que no se ofendiese la delicadeza de su empachoso estado: solicitaba en su favor á los dispensadores de los empleos y gracias: estimulaba sus talentos con elogios y con esperanzas: y en las borrascas de injusticia y de la persecucion, los reconciliaba con las letras y con los hombres, poniéndoles delante las coronas que texe la posteridad para desagraviar á los que fuéron mal premiados por la ingratitud de sus contemporáneos; y al mismo tiempo que los ponia con su generosidad á cubierto de la desgracia, con su exemplo les enseñaba la senda que debian seguir para merecer el

glo-

glorioso título de ministros de las Musas.

16 Las Musas recibiéron sus servicios con semblante risueño, las Musas agradecidas le premiáron mandando inscribir su nombre en las paredes de sus templos, y fuéron innumerables los cuerpos literarios que en Europa y América le abriéron ansiosamente las puertas de sus santuarios. Tú tambien, ó ilustre Academia Española, tú tambien le abriste los brazos maternales deseosa de admitirle en tu gremio, y triunfando de la resistencia extremada de la escrupulosa modestia, lograste al fin que se alistase en tus banderas el que, sucediendo al Duque de Alba en la direccion del Cuerpo, había de dar principio á la época de tu mayor gloria. Vosotros los que habeis sido testigos del estado en que se halló en otro tiempo la Academia, vosotros los que arrebatados del amor de las letras, os sepultábais para celebrar las juntas en un lugar tenebroso, inmundo, malsano, vosotros nos diréis quantas gracias debemos dar al Marques de Santa Cruz, que se afanó, instó, suplicó, é hizo pretensiones que jamas hubiera intentado por su

mis-

misma persona, para trasladarnos á esta morada cómoda, agradable, y digna de una de las primeras Academias del reyno. ¡Feliz una y mil veces el dia en que se verificó esta translacion, que debe ser memorable en nuestros fastos! ¡Feliz una y mil veces el dia 27 de Noviembre de 1794, que vendrá todos los años á refrescar la memoria de lo que debimos al Marques de Santa Cruz, y á exîgir que paguemos á sus manos el tributo de nuestro agradecimiento! Los que despues nos sucedan se le pagarán igualmente, y de unos en otros se irá perpetuando la memoria de un Director baxo cuyos auspicios dió la Academia tantos pasos hácia su prosperidad, y para el buen desempeño de su instituto.

¿No fué en su tiempo quando se facilitó el conocimiento de la lengua Castellana, atesorando todas sus riquezas en un Diccionario tan completo, ménos costoso, y mas cómodo que aquel antiguo repartido en muchos volúmenes, en que recibió el público las primicias de nuestras tareas literarias? ¿No fué tambien entónces quando, para dispertar los ingenios españoles del letargo en que yacian sepultados, se dió campo
po

po abierto á los generosos esfuerzos de la emulacion, coronando las sienes de los atletas que en poesía y eloqüencia lograsen la palma de la victoria? Importaba ademas que las letras diesen el exemplo de pagar á los difuntos el tributo de gratitud de que les son deudores los vivos: importaba estimular la ambicion de éstos honrando extraordinariamente la memoria de aquellos: importaba multiplicar las obras, y proclamar los nombres de aquellos insignes maestros que inmortalizáron con sus escritos la literatura española, que trabajáron para sus descendientes modelos del gusto mas exquisito, que fuéron radiantes lumbreras de la lengua castellana. ¡Ó sombra respetable del gran Cervántes! ¡Ó varon tan privilegiado por la naturaleza, como perseguido por la fortuna! Tres siglos hace que, despues de haber vivido en la miseria y en el desprecio de tus desagradecidos contemporáneos, tres siglos hace que te ibas remontando mas y mas en la suprema region de la gloria, tres siglos hace que volabas de lengua en lengua aclamado por todo el orbe á par de los Homeros, y de los Virgilios, sin

que

que te diese tu patria un testimonio solemne de su agradecimiento. Tú, libre ya de las miserias humanas, grande, muy grande por tu propio mérito, no necesitabas para inmortalizarte estampar tu fama en la orgullosa caducacidad de mármoles y bronces; pero nosotros.... ¡ó vergüenza, ó ignominia del nombre español! Quando por todas partes ofenden nuestra vista retratos de personas obscuras y despreciables, que sólo fuéron conocidas del artista que les vendió sus pinceles: quando por todas partes salen á horrorizarnos mil y mil bustos de personages, famosos por los males que ocasionáron al mundo, y que hacen sudar sangre hasta á la misma piedra que los representa: ¿solo faltó para el virtuoso Cervántes, para el inimitable autor del Quixote, para el grande entre los grandes, por quien España levanta la frente gloriosa entre las naciones favorecidas de Apolo, faltó un buril ocioso que trasladase de qualquier modo á la posteridad la imágen de aquel semblante, donde seguramente se veria pintada la grandeza de su alma? Estaba reservada para la Academia Española, y para la direccion del Marques

ques de Santa Cruz, la empresa de desagraviar á este héroe del largo olvido, y de la ingratitud de tantos años; y en la magnífica impresion del Quixote le erigió un monumento grandioso, en el qual se recrearán siempre los amantes de las letras contemplando los nombres de Cervántes, y de Ibarra, que coronados de laureles caminan juntos al templo de la fama.

17 Despues de tantos títulos como nos recomiendan la memoria de nuestro Director, ¿os hablaré de su anhelo por asistir á las juntas siempre que se lo permitian sus ocupaciones? de la cariñosa afabilidad con que á todos nos trataba? de la modestia con que proponia sus opiniones? de la moderacion que guardaba en las disputas, para exemplo, y confusion de los literatos, que adoleciendo por lo regular de excesivo amor propio, quieren que prevalezca su parecer sobre todos? y de la pasion con que promovia quanto redundaba en honor, y gloria de la Academia? Pero ¿que podré yo deciros que no sepais mejor vosotros los que tuvísteis la fortuna de conocerle mas largo tiempo?....
¿Mas largo tiempo? corto, muy corto
fué

fué para vuestros deseos, que hubieran querido prolongar su vida por siglos, y por eternidades. ¡ Triste destino de las cosas humanas! miserable caducidad del hombre ! ¿ Quien nos dixera quando en este mismo lugar se despidió de nosotros, quien nos dixera que aquella junta sería la última que había de presidir ? ¿ que aquella despedida había de ser la final, que jamas volveria á entrar por estos umbrales, que nunca nuestros ojos volverian á verle, y que el Aranjuez donde se encaminaban sus plantas, era la tenebrosa region del sepulcro ?

18 Los frios extraordinarios de aquel hivierno, y su empeño de arrostrarlos para no faltar un punto al desempeño de sus obligaciones políticas y cristianas, le rindieron á una enfermedad terrible, en que manifestó la constancia, la resignacion, y la tranquilidad de ánimo, que son compañeras inseparables de la verdadera sabiduría. Nosotros en tanto, sobresaltados con tan urgente peligro, esperábamos y temíamos alternativamente, hasta que en la tarde del 2 de Febrero.... ¡Tarde melancólica, y funesta en que en este mismo salon que

nos

nos está escuchando, resonó con las dolorosas voces : *ha muerto, acaba de espirar*! Un largo silencio sucedió à estas palabras, y en todos los semblantes se manifestó el sincero dolor de nuestros corazones.

19 Murió el Marques de Santa Cruz; pero en su muerte no se soltáron las lenguas para denunciar libremente á todo el mundo sus maldades ; ántes todos á una voz publicaban sus virtudes, y se consolaban de su muerte clamando sentidos : *murió un hombre de bien.* Hombre de bien le aclamaban sus deudos, hombre de bien sus amigos, hombre de bien sus vasallos, hombre de bien hasta sus própios émulos, y todo el público le aclamaba con admiracion hombre de bien, y virtuoso en un siglo depravado, en una clase peligrosa, en unos empleos expuestos. Por toda la España resonáron sus virtudes en alas de la fama, y los generosos Bazanes, aquellos héroes, á cuyo brazo fió la patria su defensa y su gloria, aquellos á cuyos nombres doblan respetuosamente la cabeza las potencias marítimas de la Europa, y cuyas hazañas están sembradas por la inmensidad de los mares,

al

al oir las alabanzas de su hijo se in-
corporaron en sus mausoleos, y abrien-
do risueños sus urnas sepulcrales, reci-
biéron en ellas las cenizas del digno
heredero de sus blasones.

20 Allí descansa el Marques de San-
ta Cruz, pero no ha muerto para no-
sotros, que vive, y desde la celestial
morada adonde le arrebatáron sus vir-
tudes, sin cesar nos está diciendo: „Por-
„cion escogida de la patria, que te
„consagras al culto de la verdad, yo
„he vivido tambien, tambien yo he
„sido compañero de tus tareas litera-
„rias: y entónces te manifesté en mis
„palabras, en mis obras el amor mas
„entrañable, y la fraternidad mas sin-
„cera. ¿Podrá la muerte separarme en-
„teramente de vosotros, arrancando de
„vuestras almas la memoria, y la cor-
„respondencia que mi amor merecia?
„Otras son las esperanzas que llevo al
„sepúlcro, y no me engaño, hermanos
„mios: yo lo sé que viviré perpetua-
„mente en vuestro cariño. Quando lle-
„gue á mi tumba la fama de vuestras
„virtudes, quando sepa que divinizais las
„letras con vuestros irreprehensibles exem-
„plos, y que el vulgo, cautivado por
„la

«la indulgencia, dulzura, generosidad,
»y nobleza de vuestras almas, se re-
«concilia con la filosofia, y se alista en
«sus banderas; entónces lleno de júbilo,
«me aman, exclamaré, vivo en su me-
«moria, me aman: y os bendeciré, y
«bendeciré á esa madre tierna que os
«adoptó por hijos. Ó tú, quien quiera
«que fueres el que me sucedas en el
«cuidado, y, en la proteccion de esa
»madre.... ¡O amado hermano mio, fiel
«compañero de mi vida, confidente de
»los secretos mas íntimos de mi corazon,
«y deliciosa mitad de mi alma ¿ serás
«tú por ventura el que ocupes ese pre-
»ferente asiento, que dexa vacío mi muer-
«te? Entónces, ó hermano mio! yo te
«la recomiendo encarecidamente : mira
«por esa Academia, halle en ti un pro-
«tector zeloso, y un padre solícito y
«tierno. Lo serás, sí, prosperará mas,
«y mas cada vez la Academia Españo-
»la, y llegará dia en que á fuerza de
«virtudes, y de talentos, sea el mode-
«lo de los sabios, el ornamento de Es-
«paña, y la envidia de las naciones ex-
«trangeras.“

En las mismas librerías de la Compañía de Jordi, Roca, y Gaspar, se hallarán los siguientes.

Carta del Conde de Cominge á su Madre, por el célebre Dorat, traducida al Español. *Un tomo en octavo.*

Aventuras de Telemaco, *dos tomos en octavo.*

História de Bonaparte, *en cinco tomitos en 8°., con su retrato.*

Alexo ú la Casita en el Bosque, *quatro tomos en dozavo.*

Poesias del célebre Garcilaso de la vega, *con su retrato, un tomo en 8°.*

Vida del Beato Josef Oriol, *un tomo en quarto, con su retrato.*

Diccionario Manual de la lengua Catalana y Castellana, *un tomo en octavo.*

El Nuevo Robinson, *dos tomos en 8°., con estampas finas.*

La Filósofa por amor, ó cartas de dos amantes apasionados y virtuosos, *dos tomos en dozavo.*

Fábulas, de Samaniego, de muy buena edicion, *un tomo en 8°.*

Exê-

Exêquias de Mr. Pitt, *un tomo en* octavo.

Coleccion de Seguidillas Boleras, y Tiranas, *un tomo en dozavo.*

Amelia ó desgraciados efectos de la extremada sensibilidad. *Novela inglesa,* *un tomo en dozavo.*

9 781332 474622